I0454581

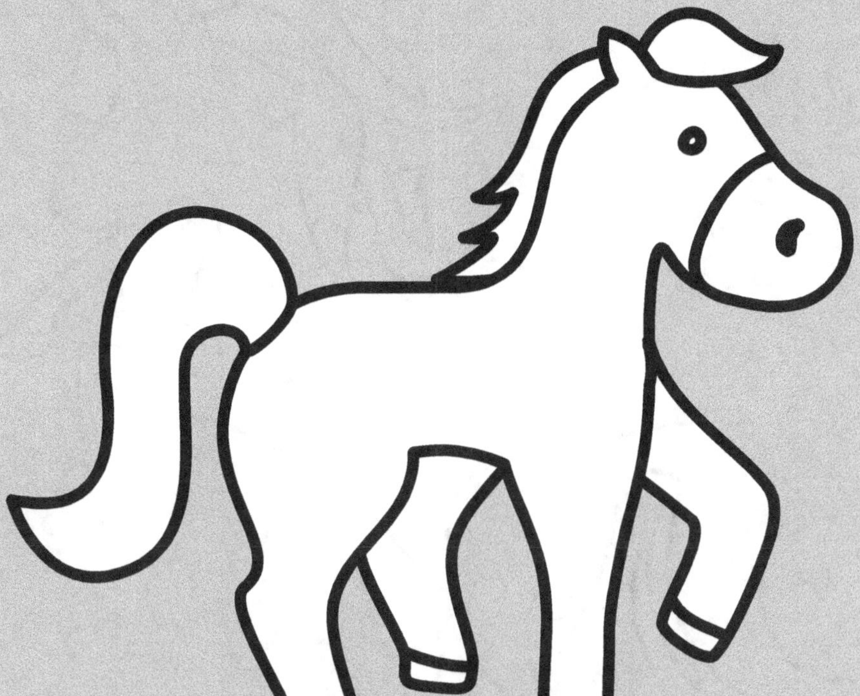

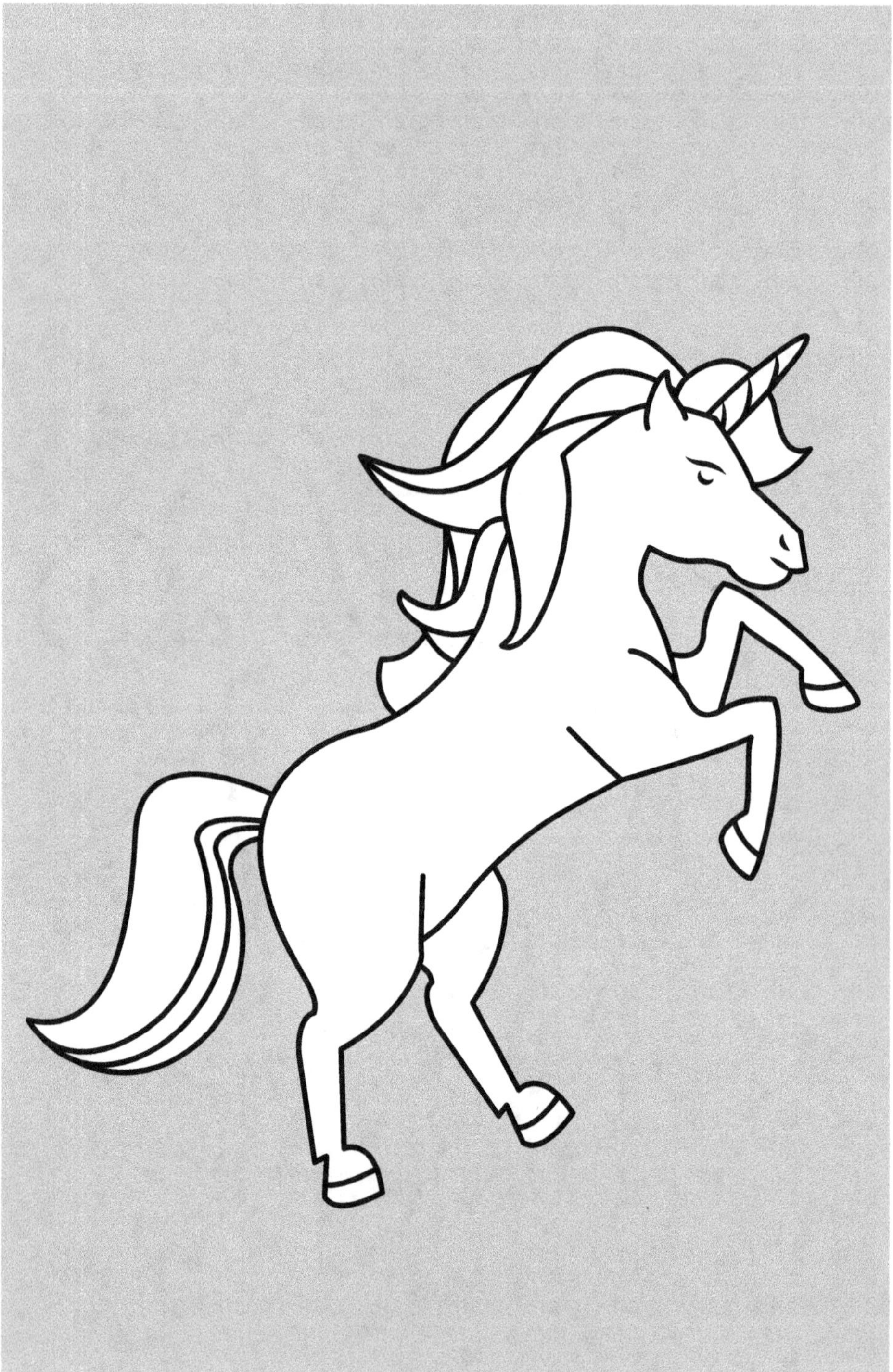

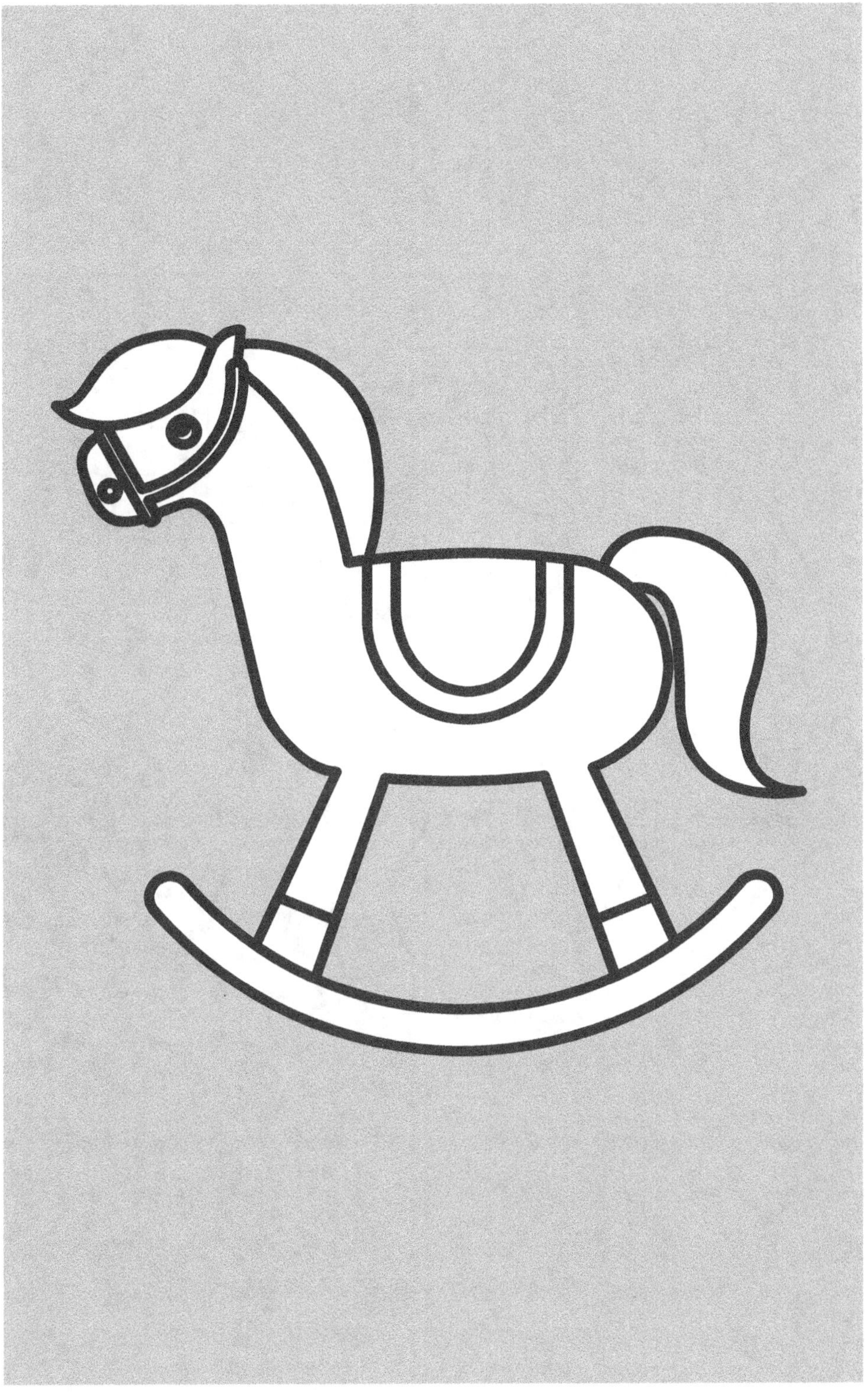

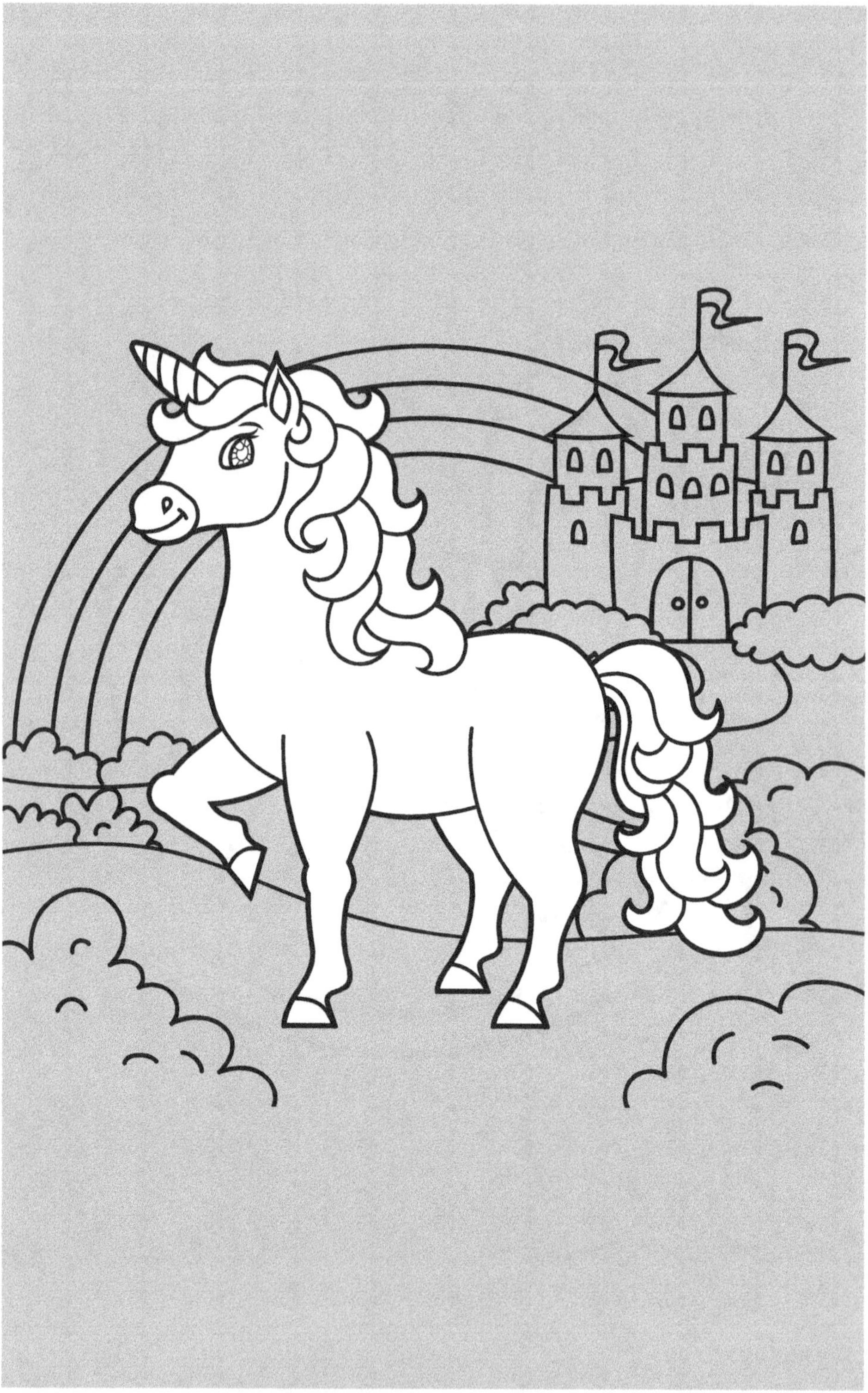

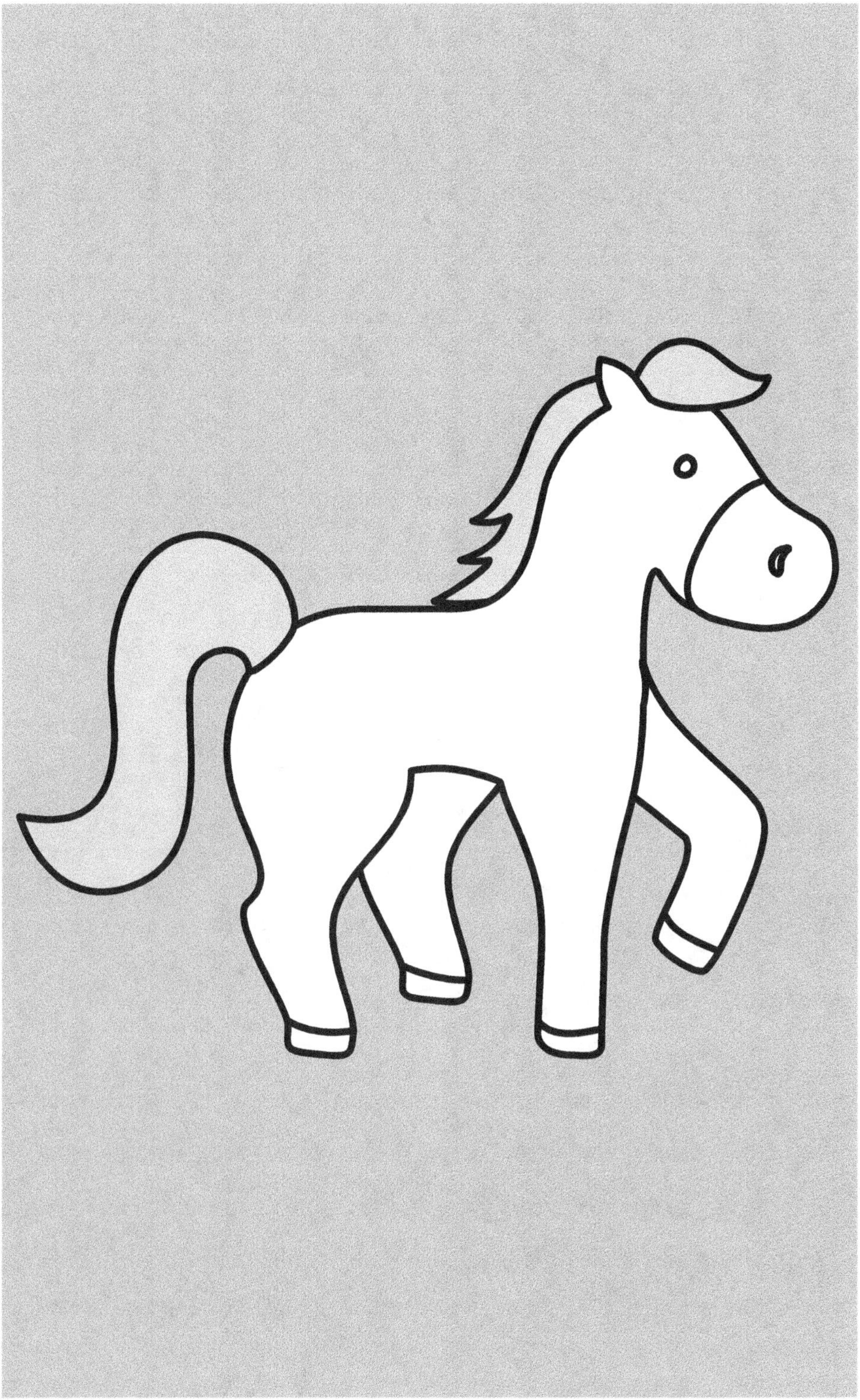

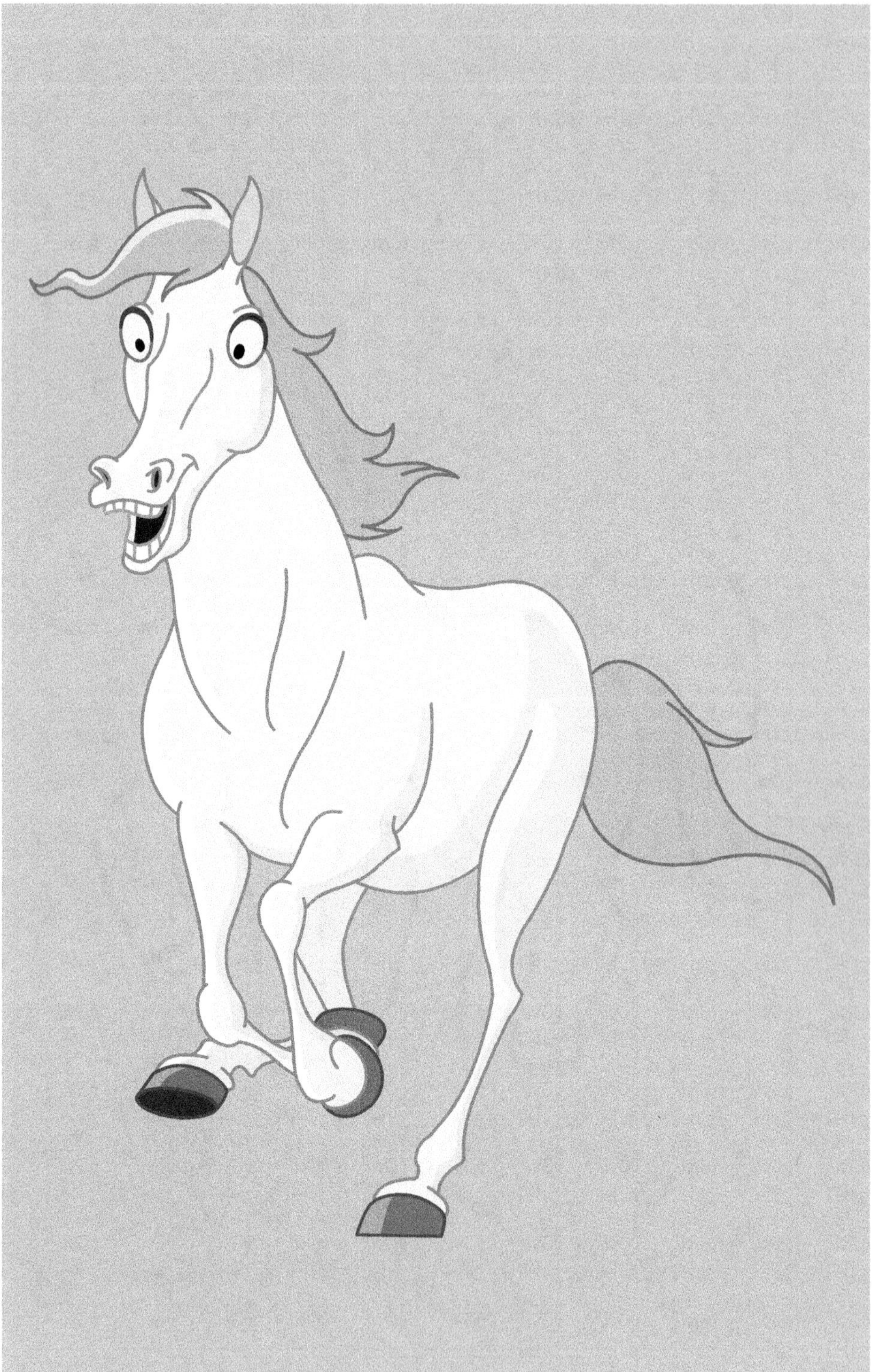

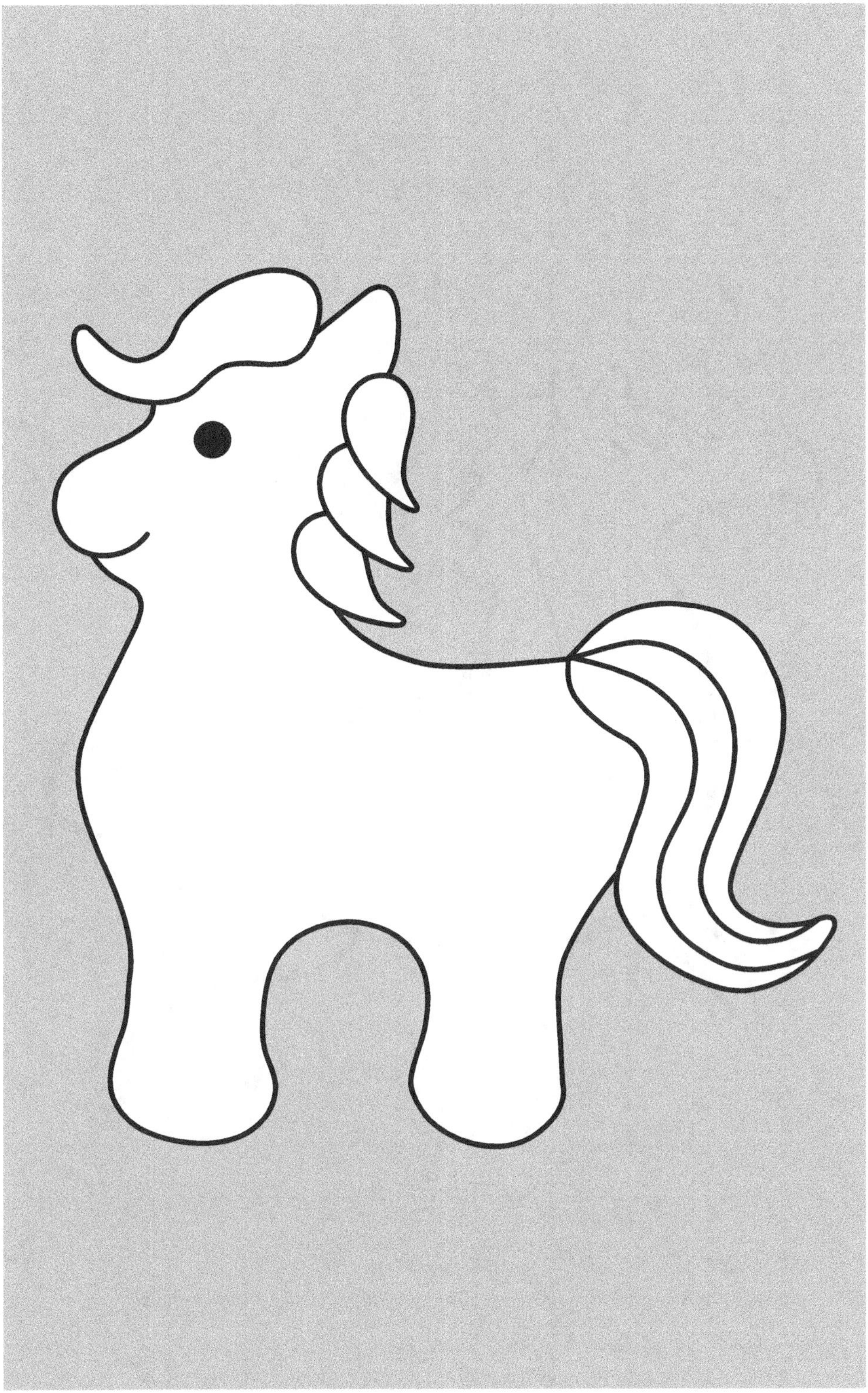

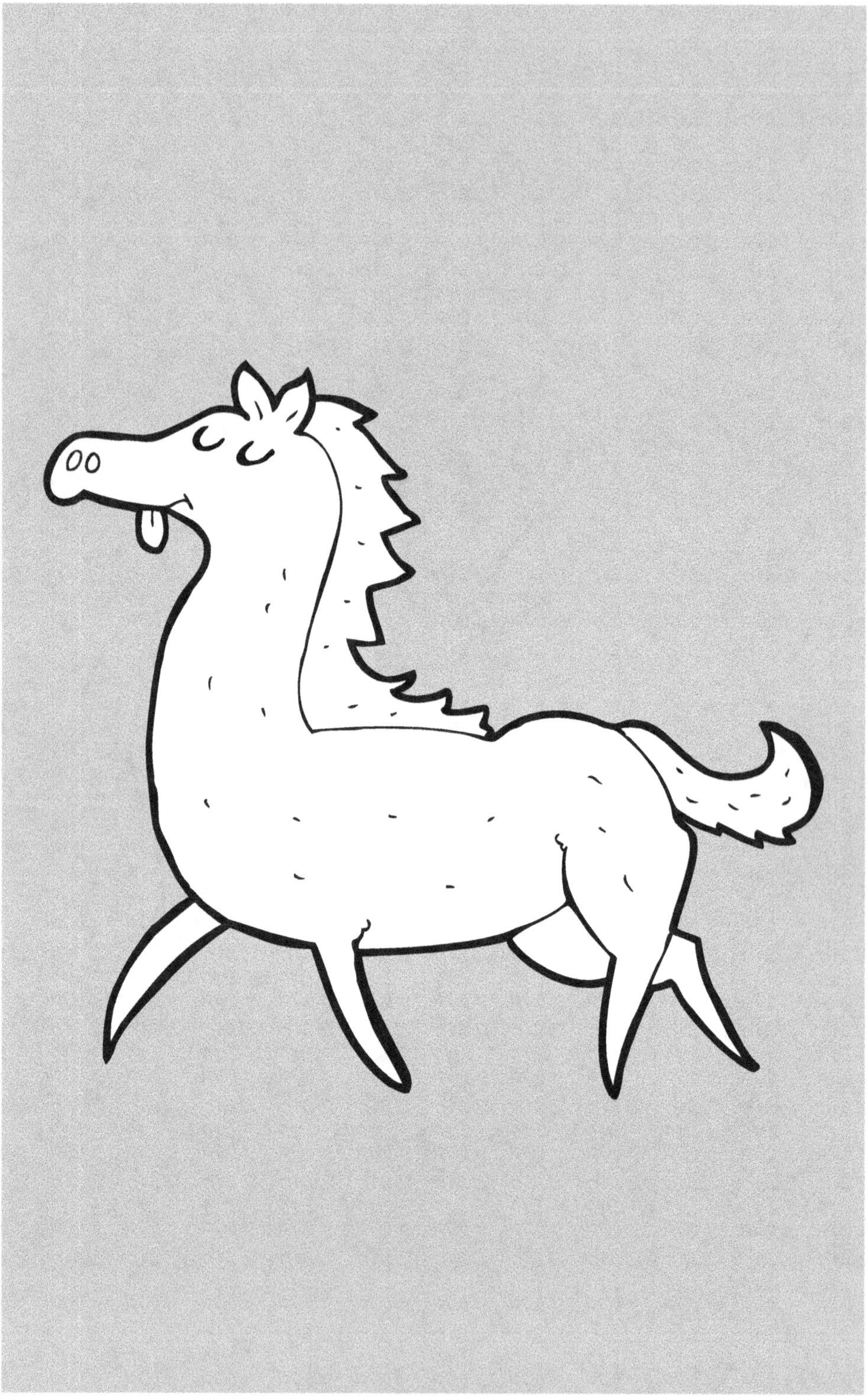

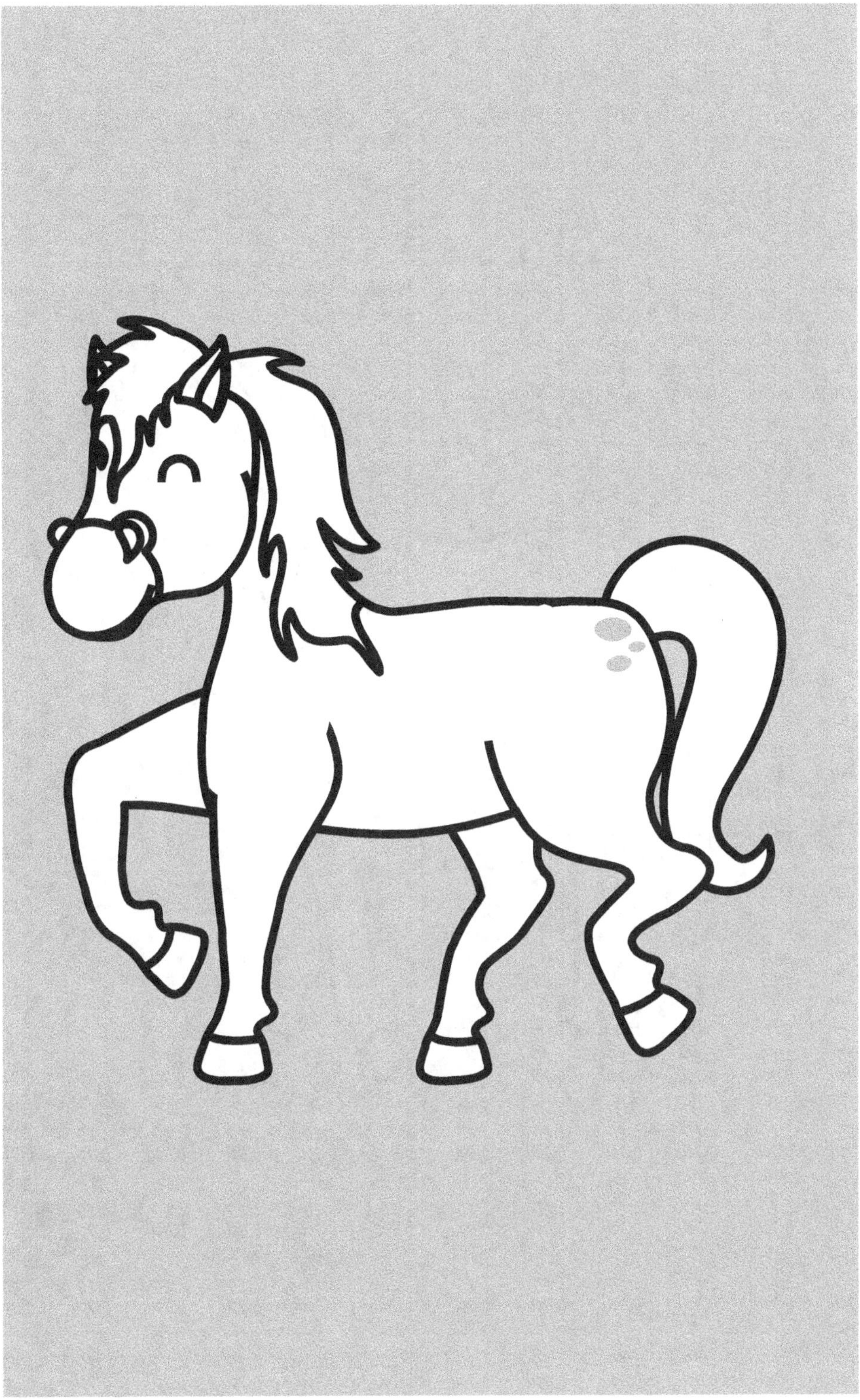

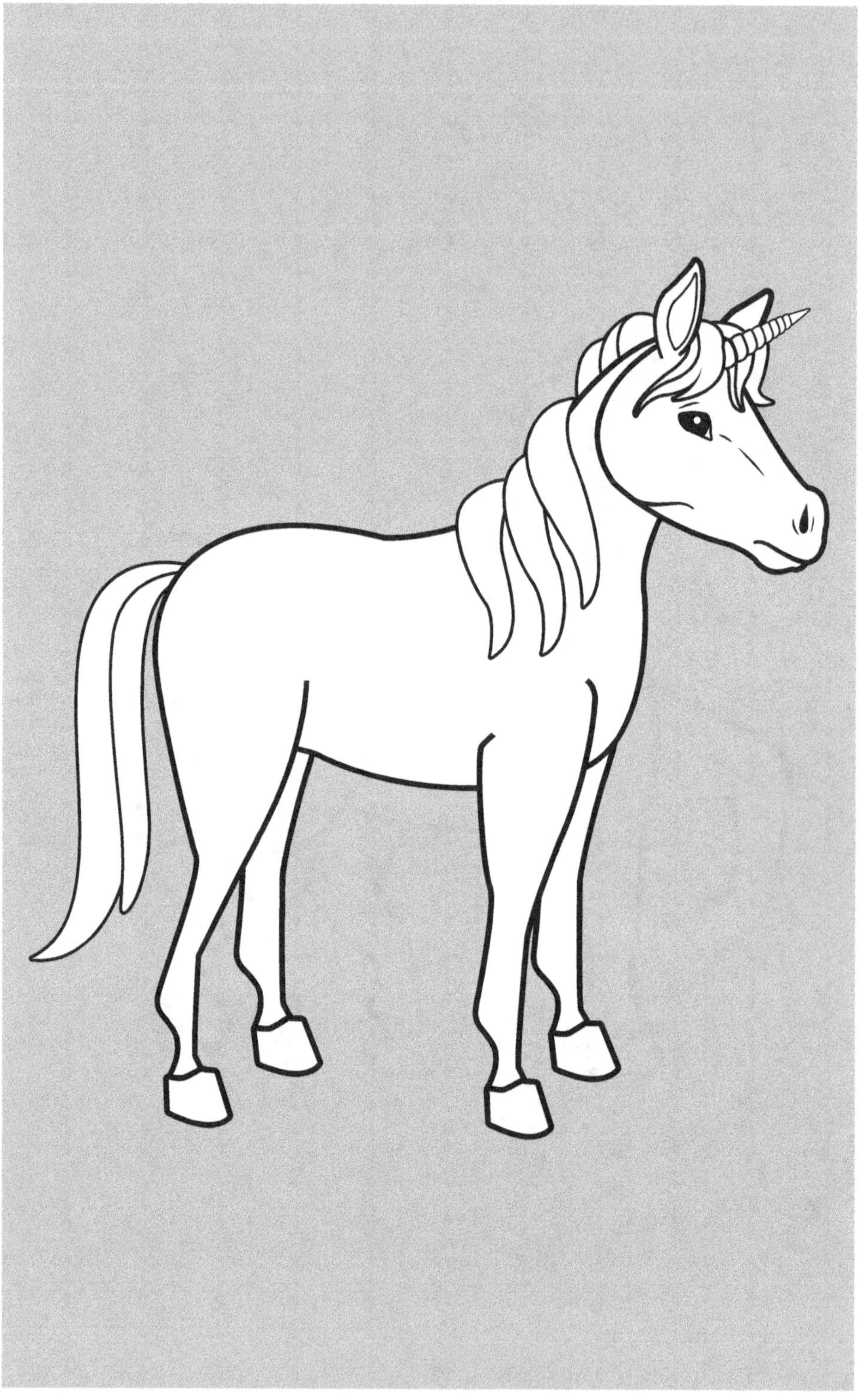

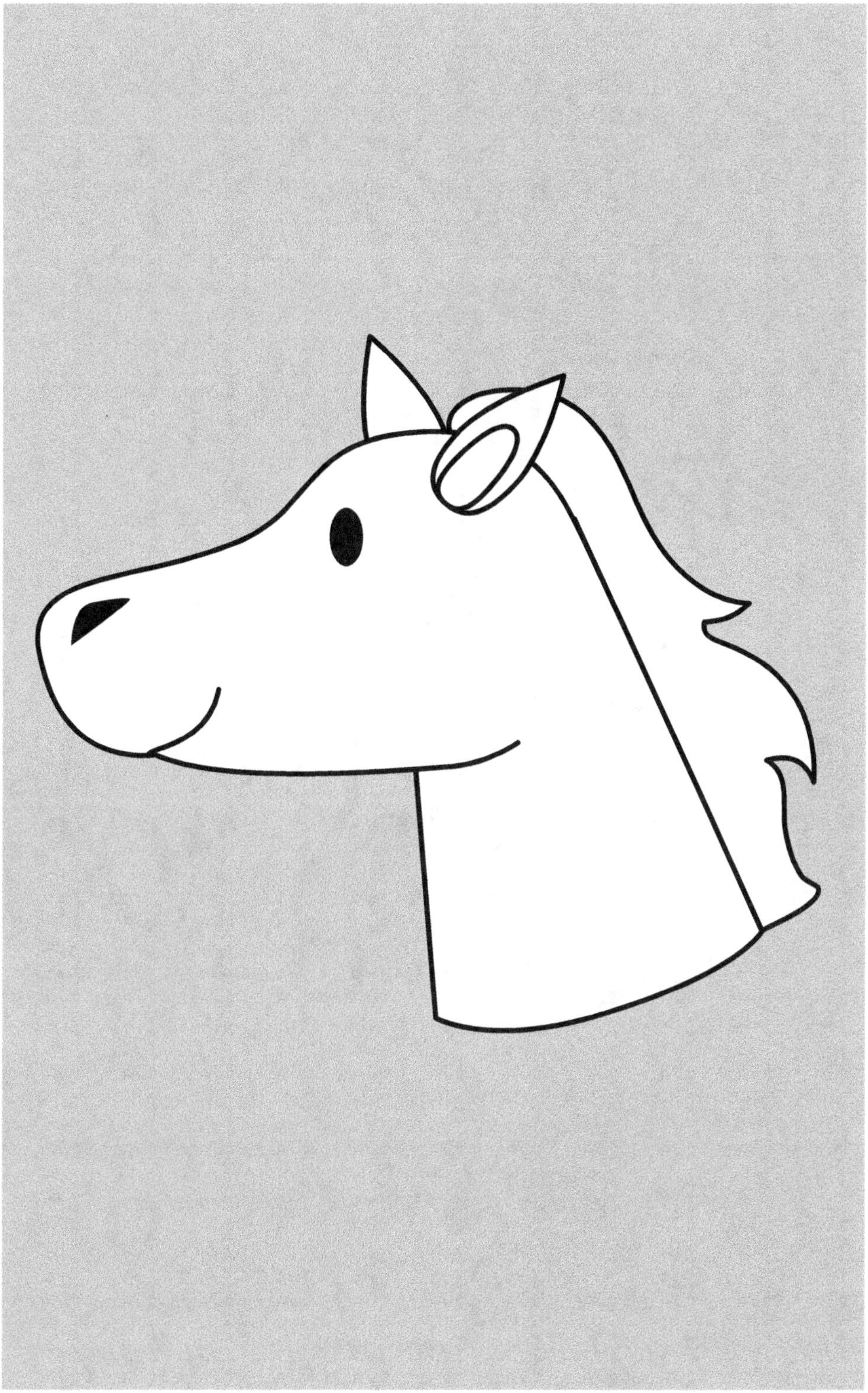

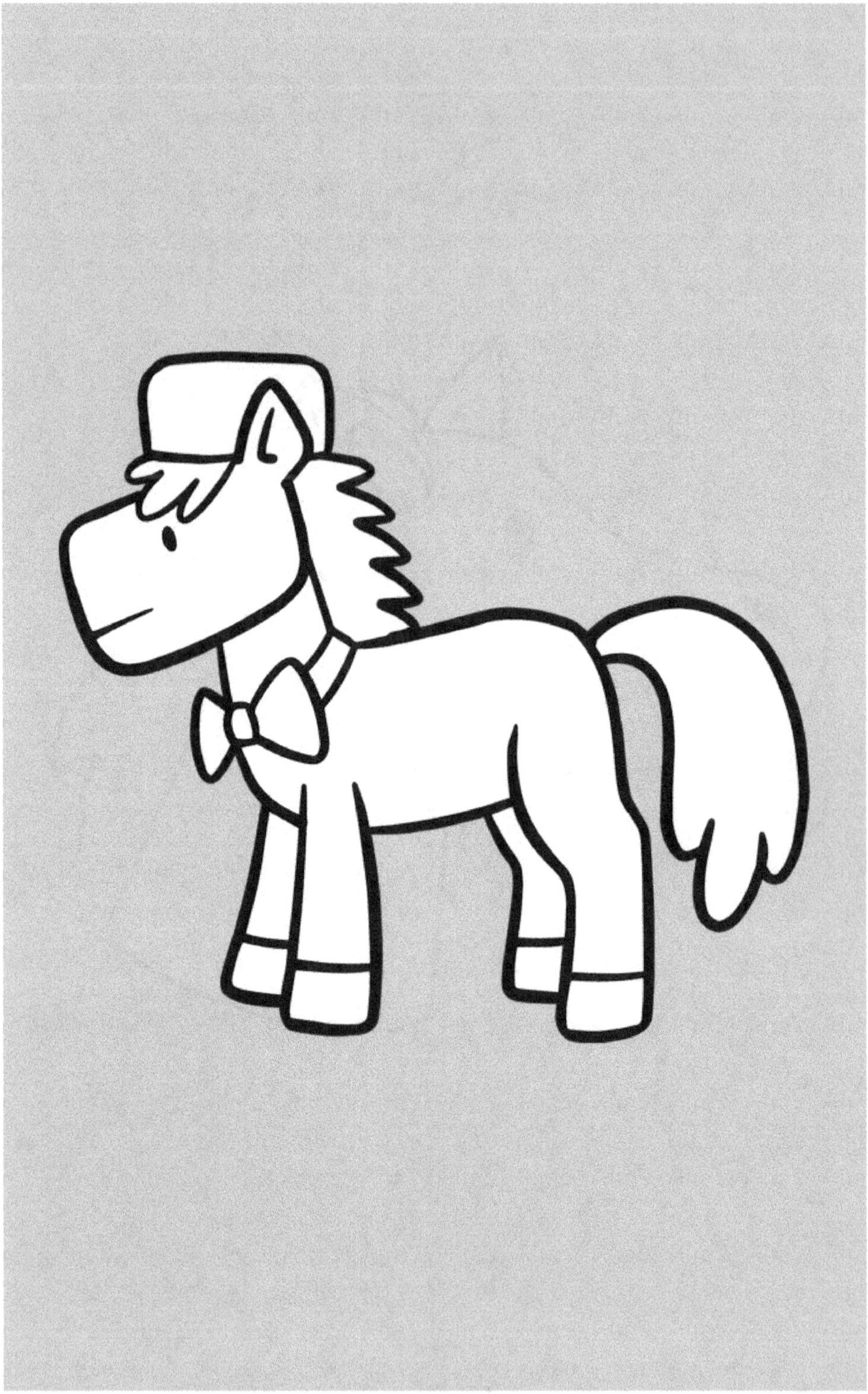

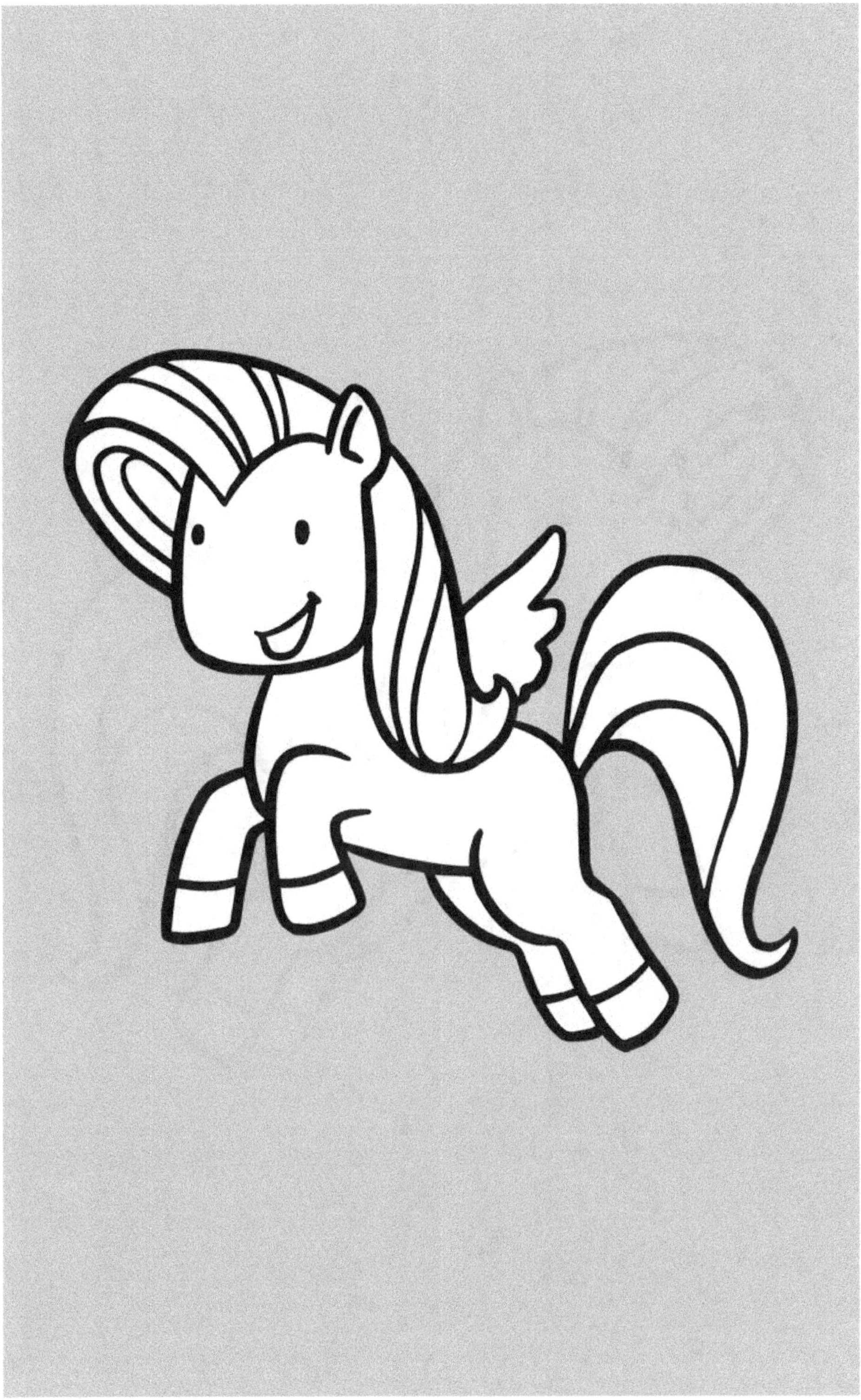

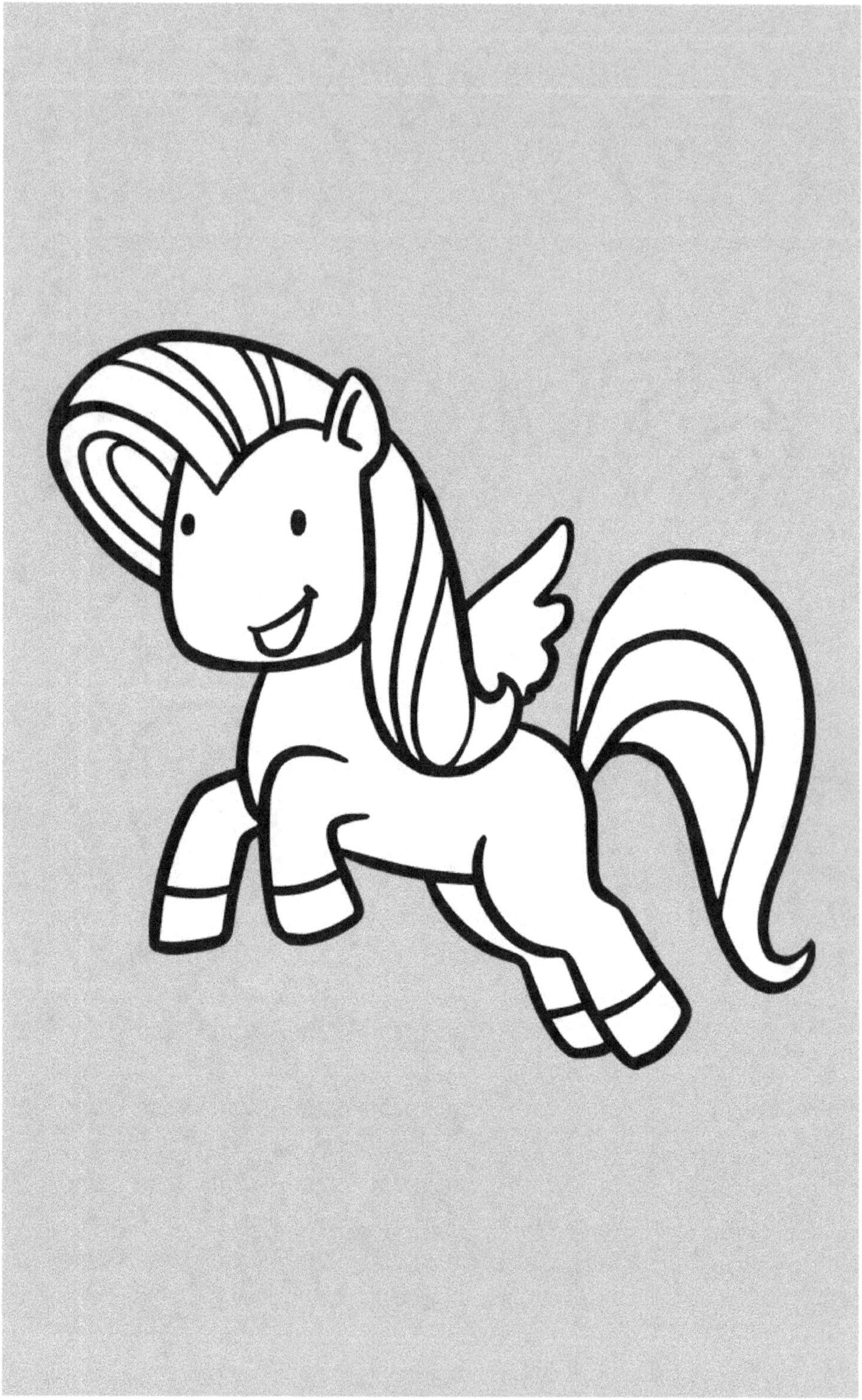

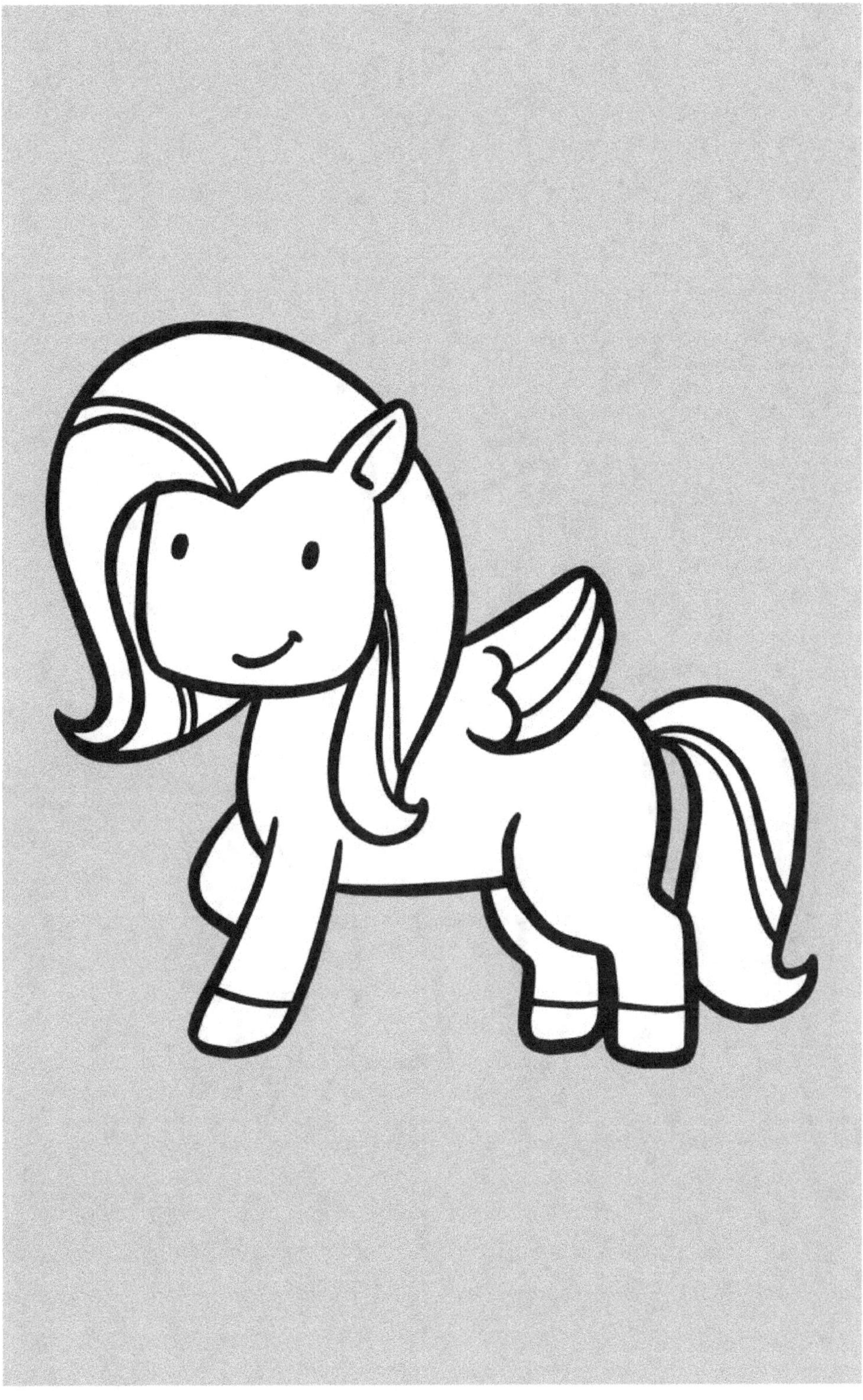

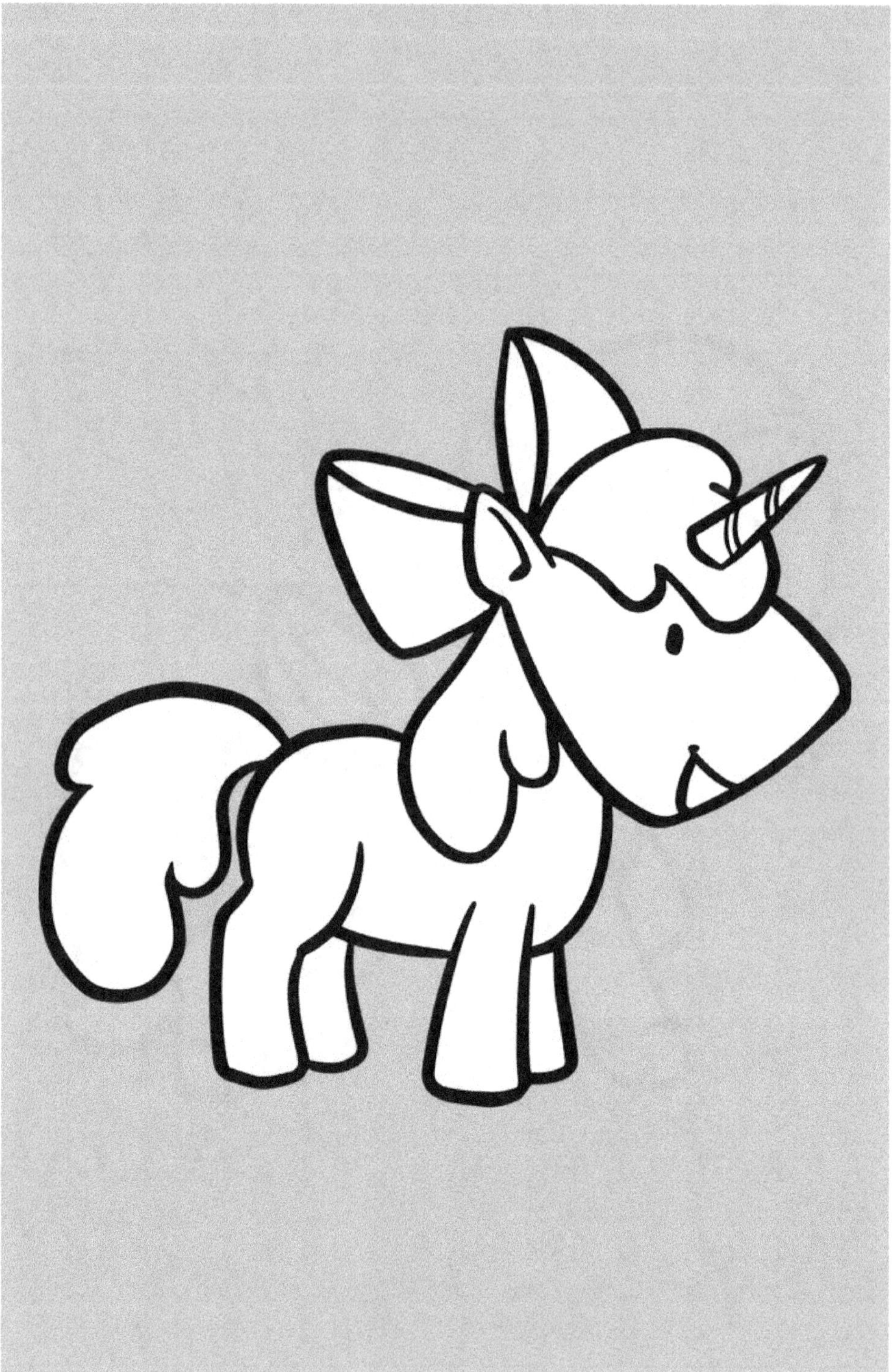

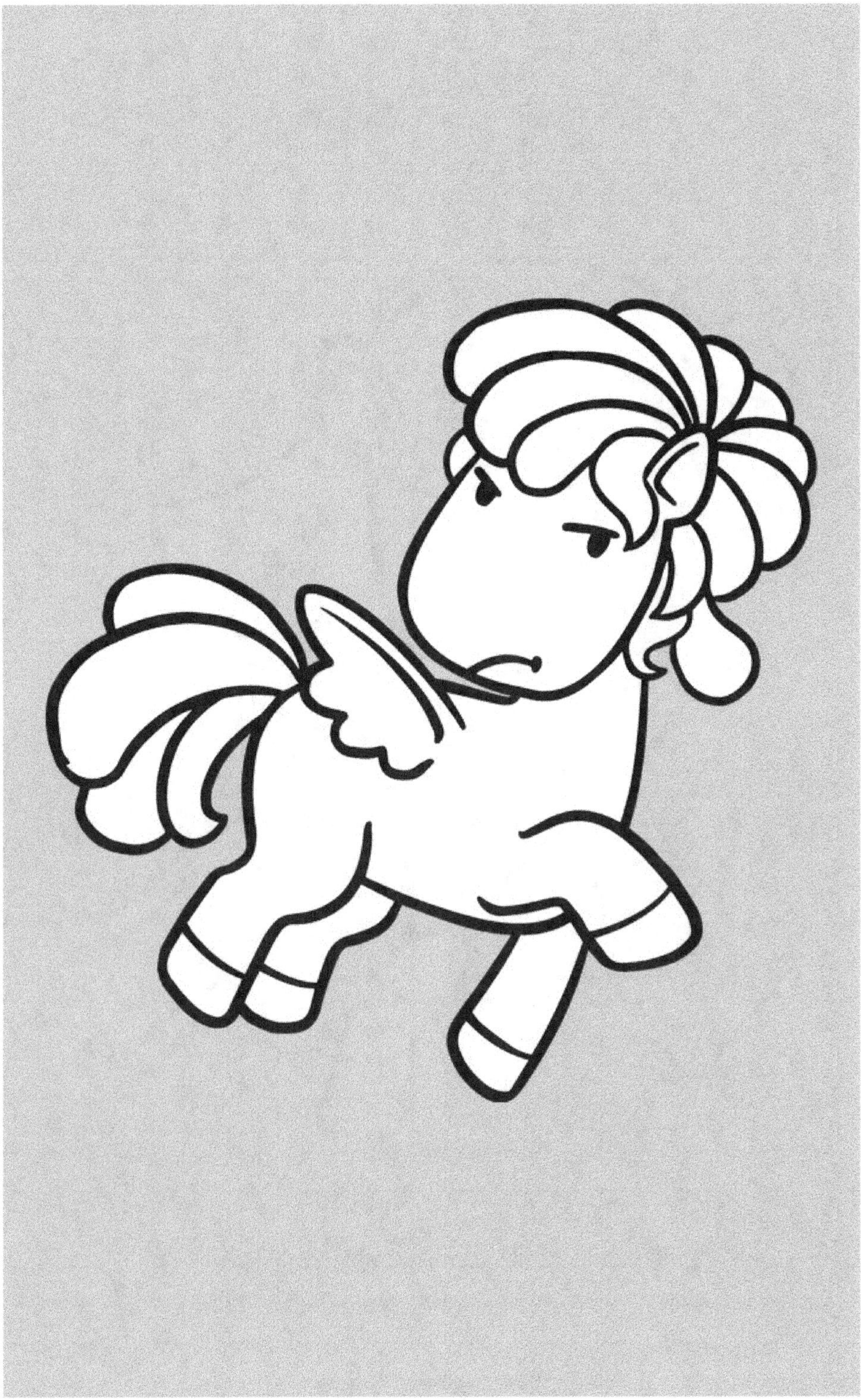

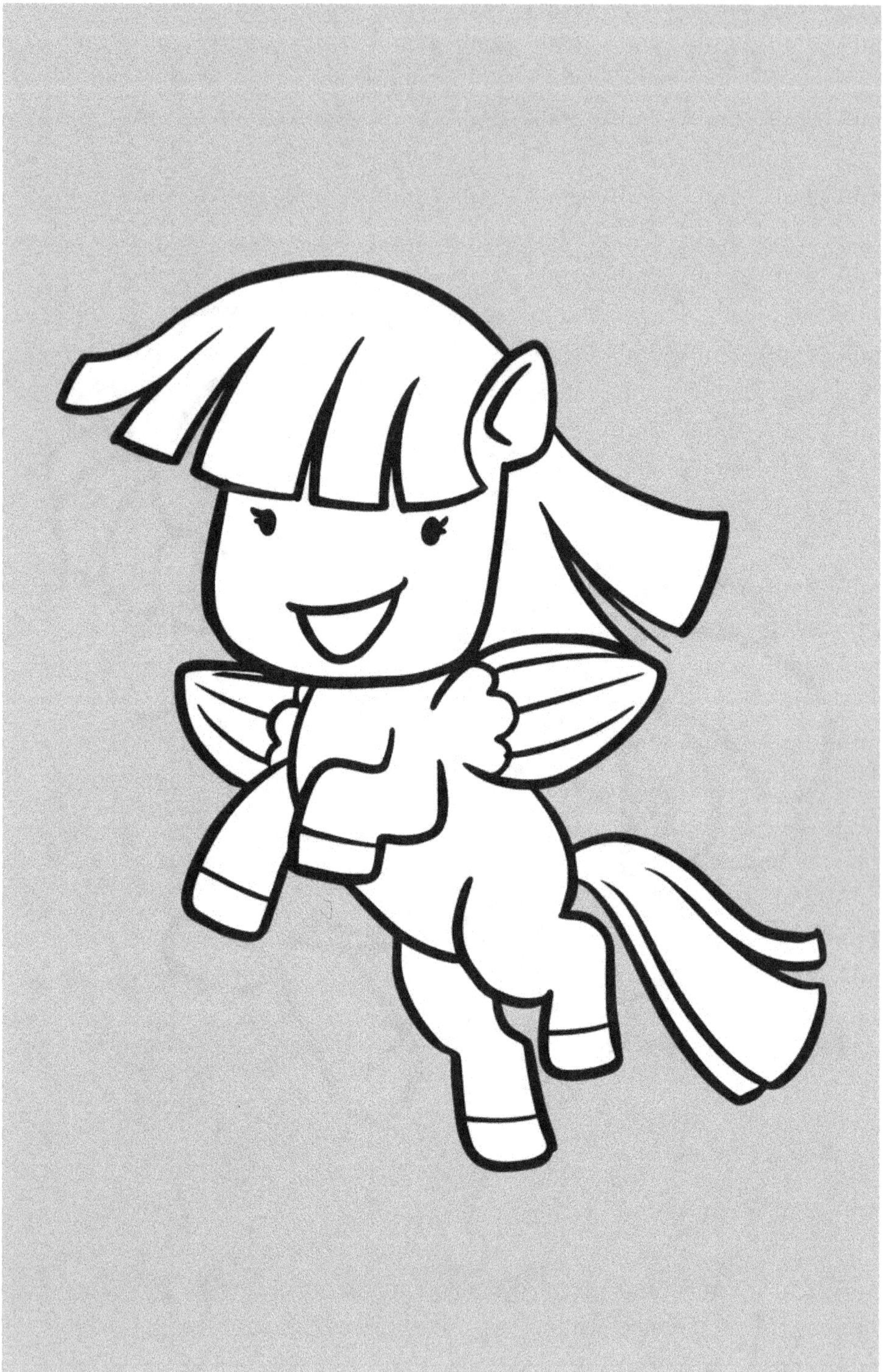

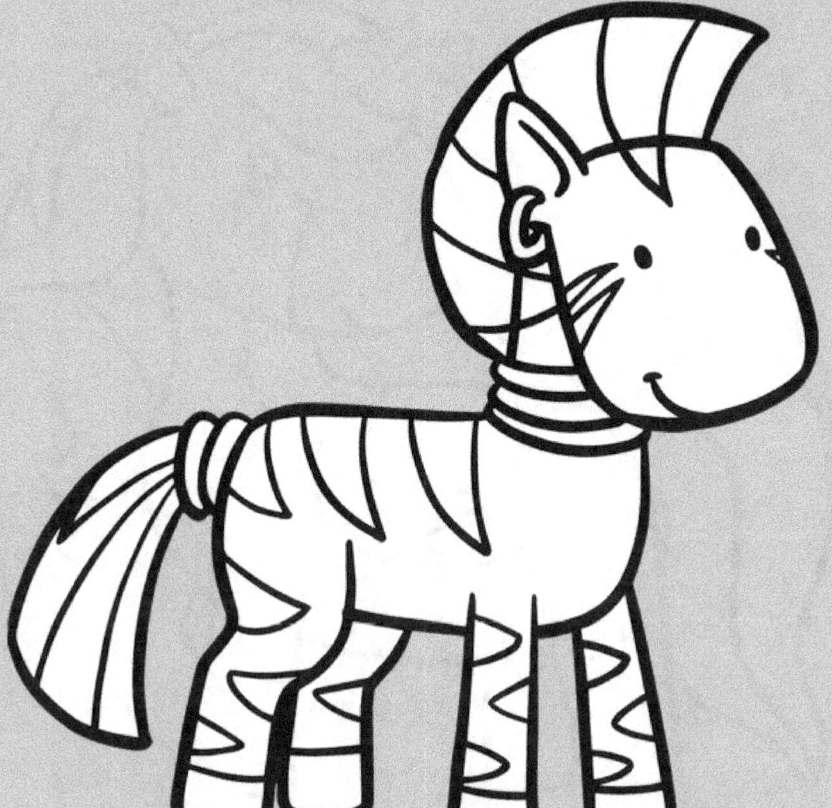

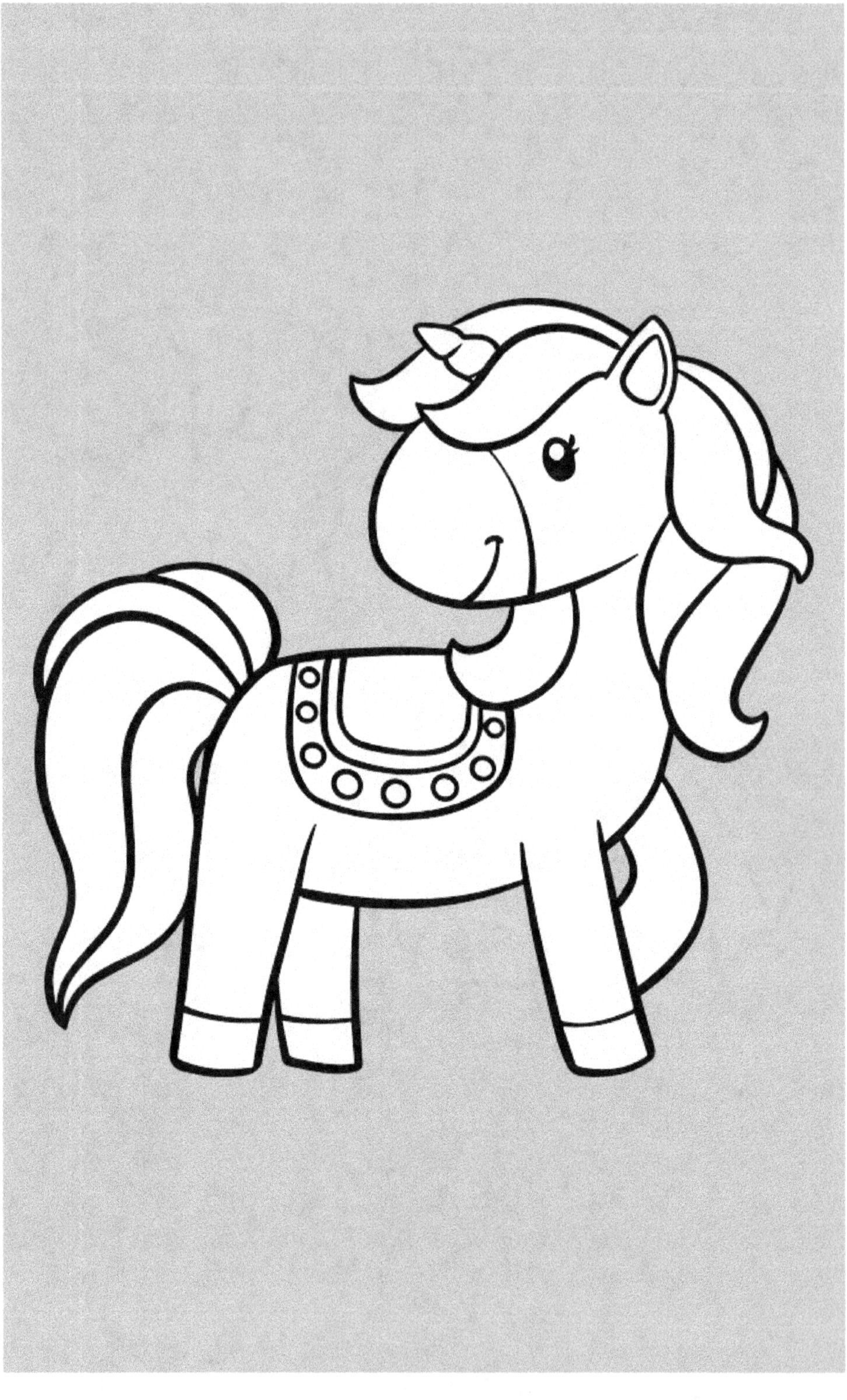

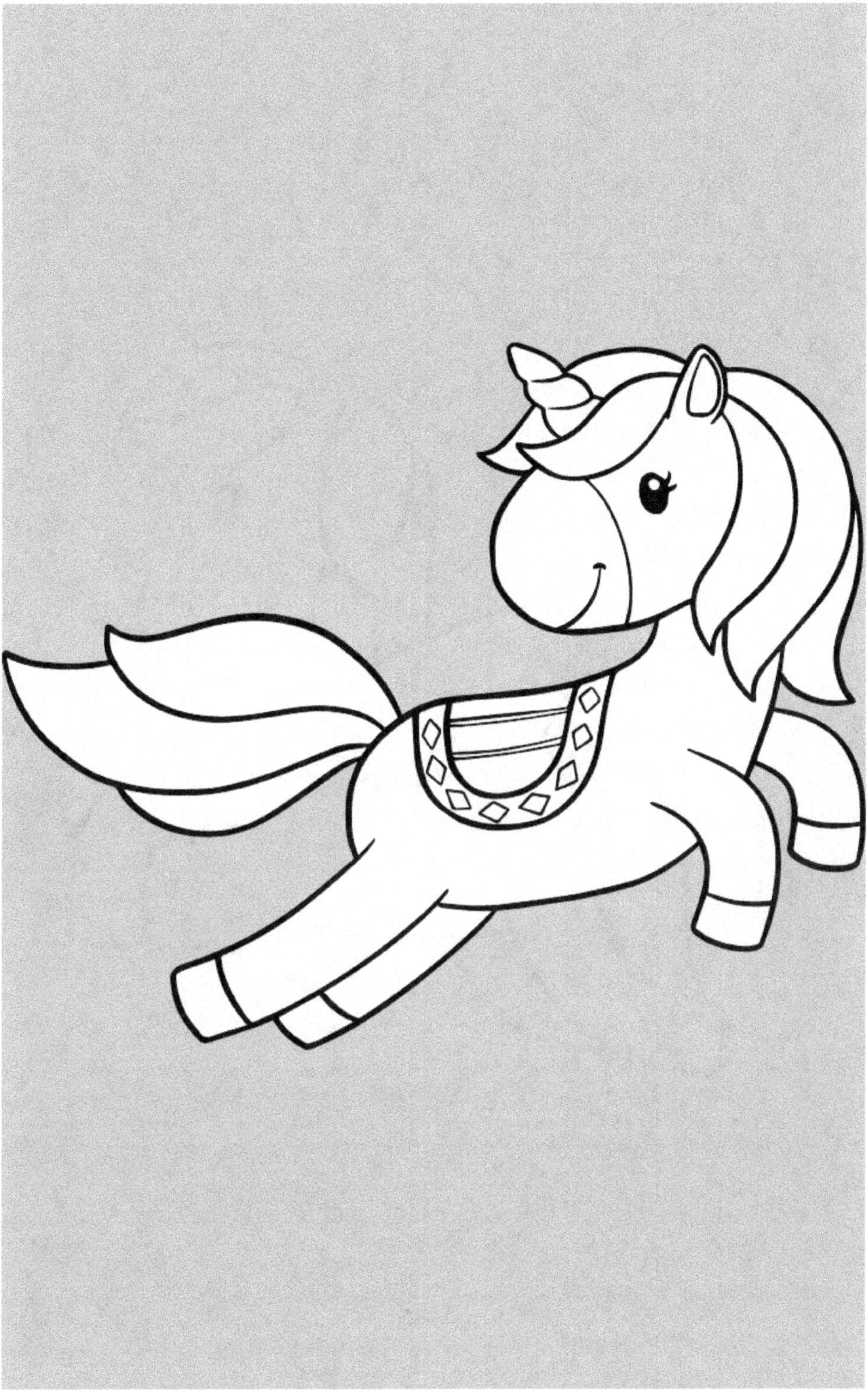

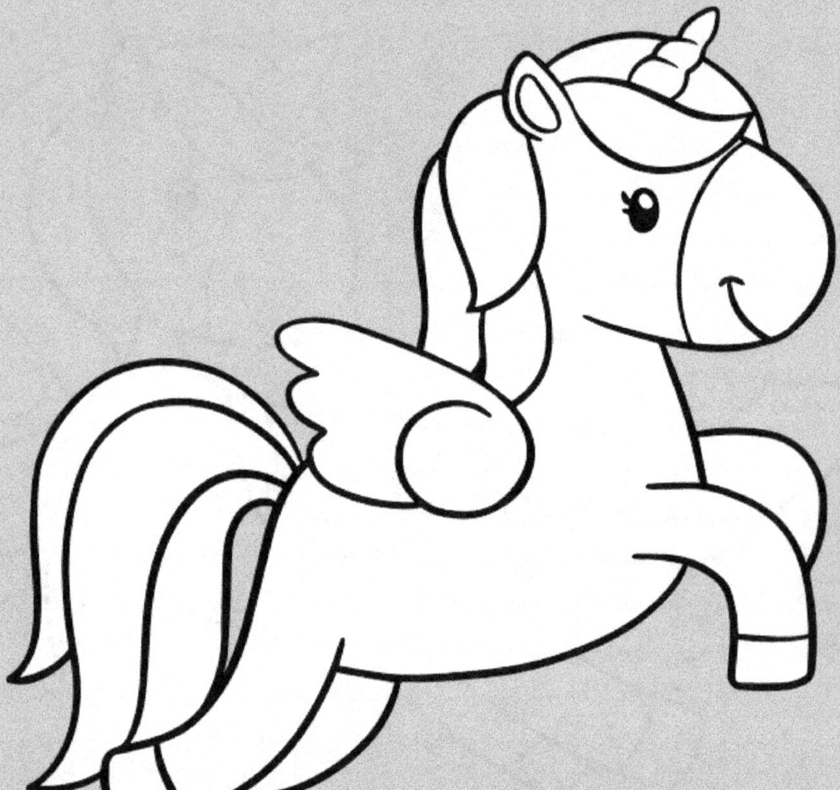

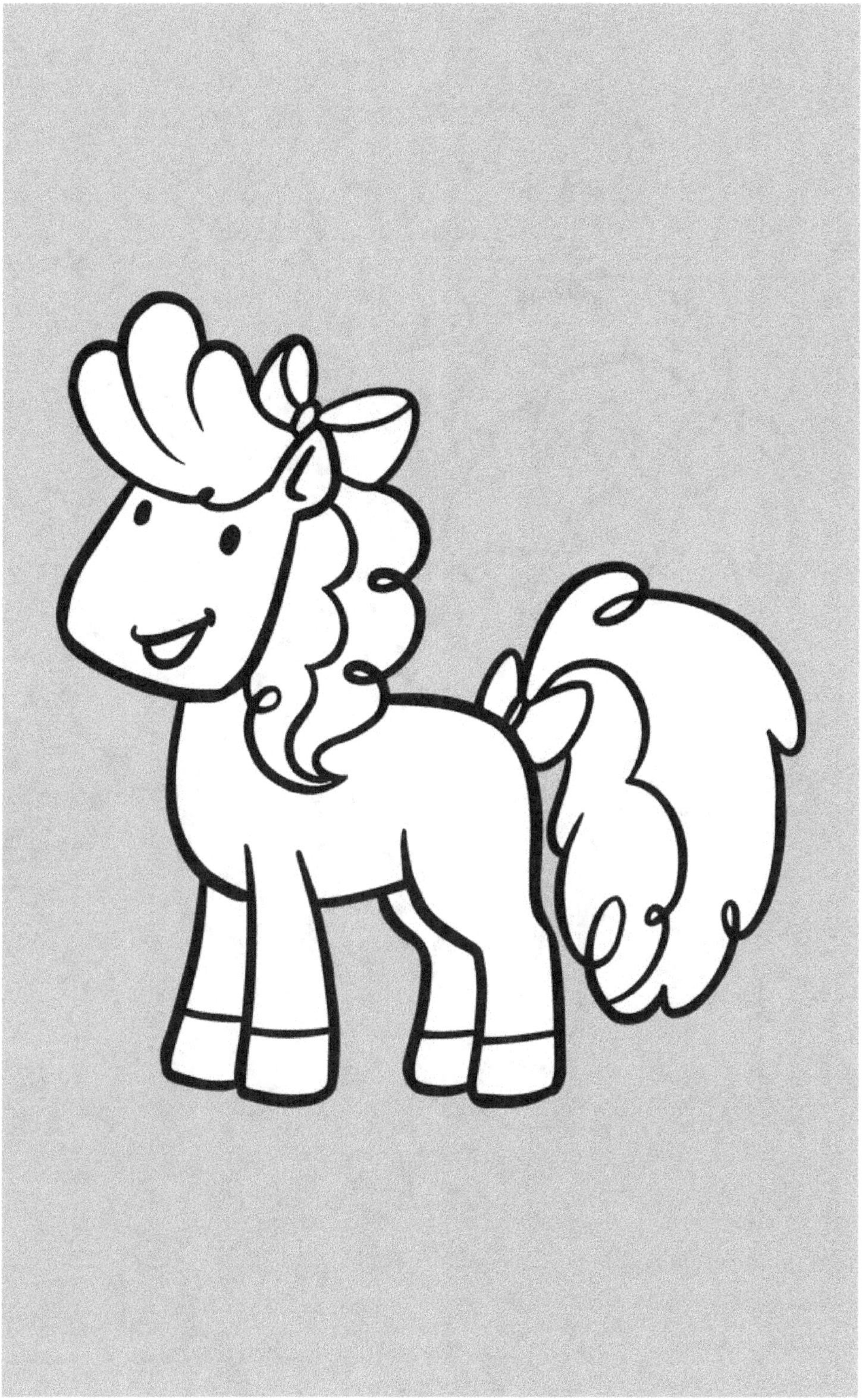

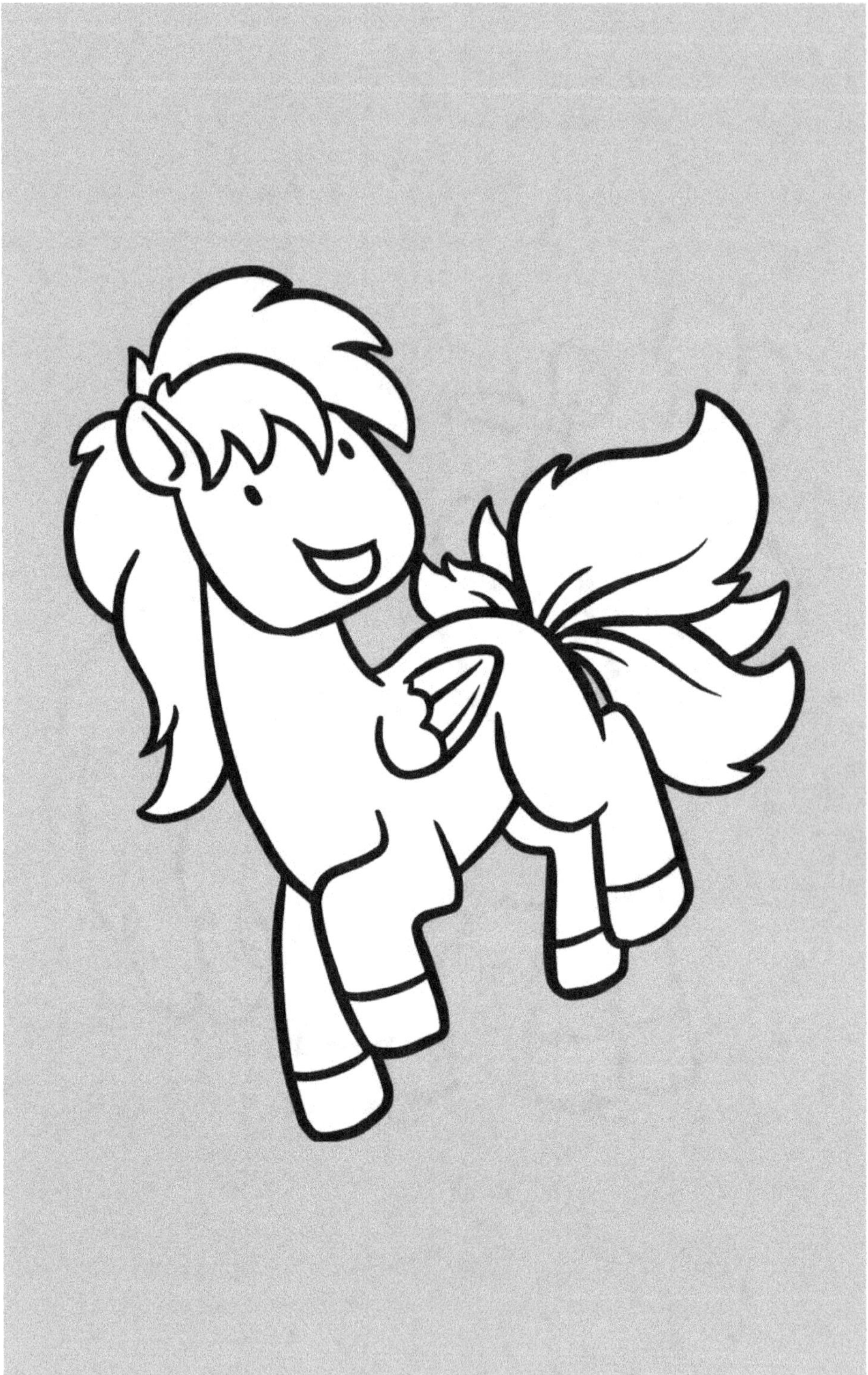

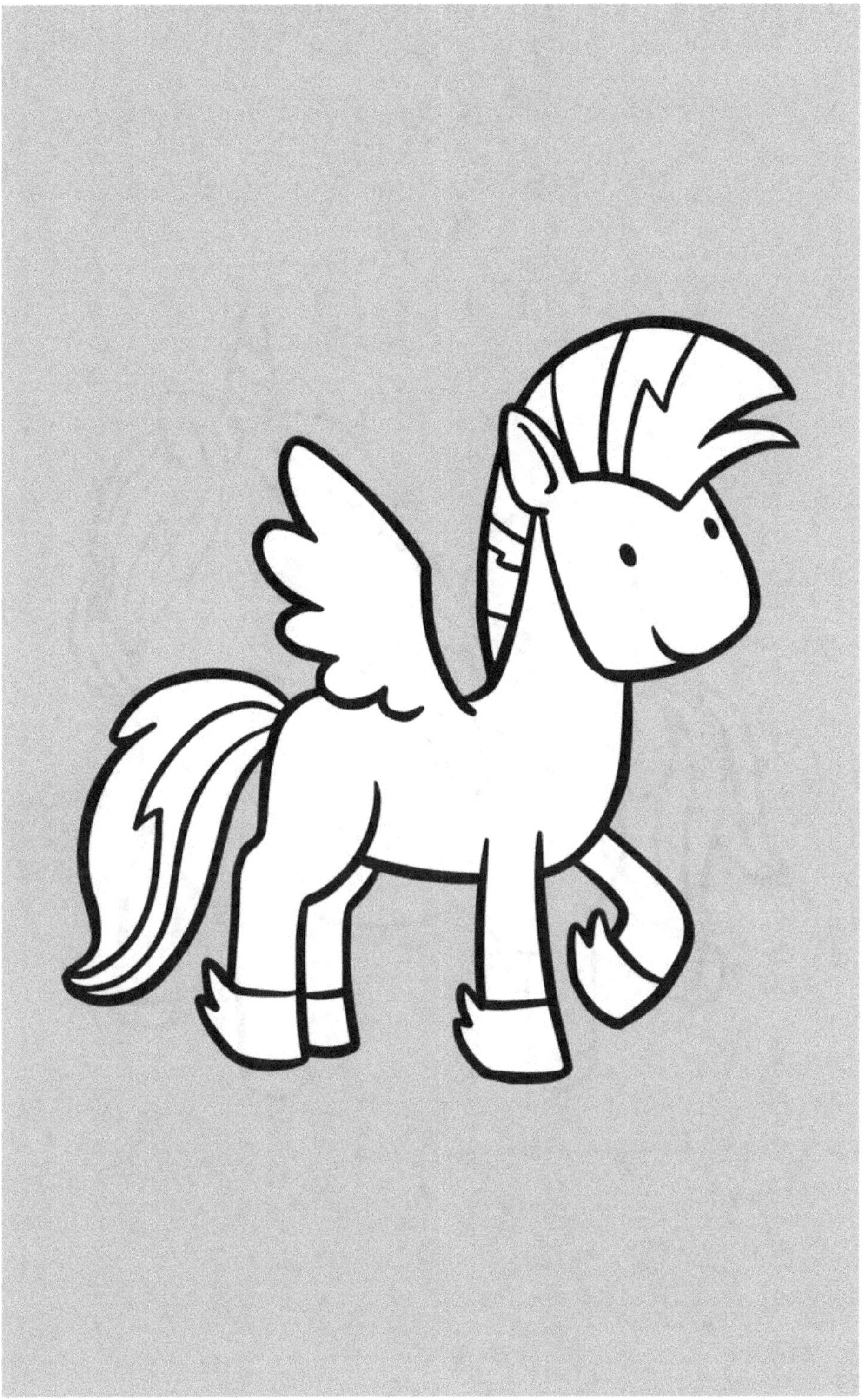

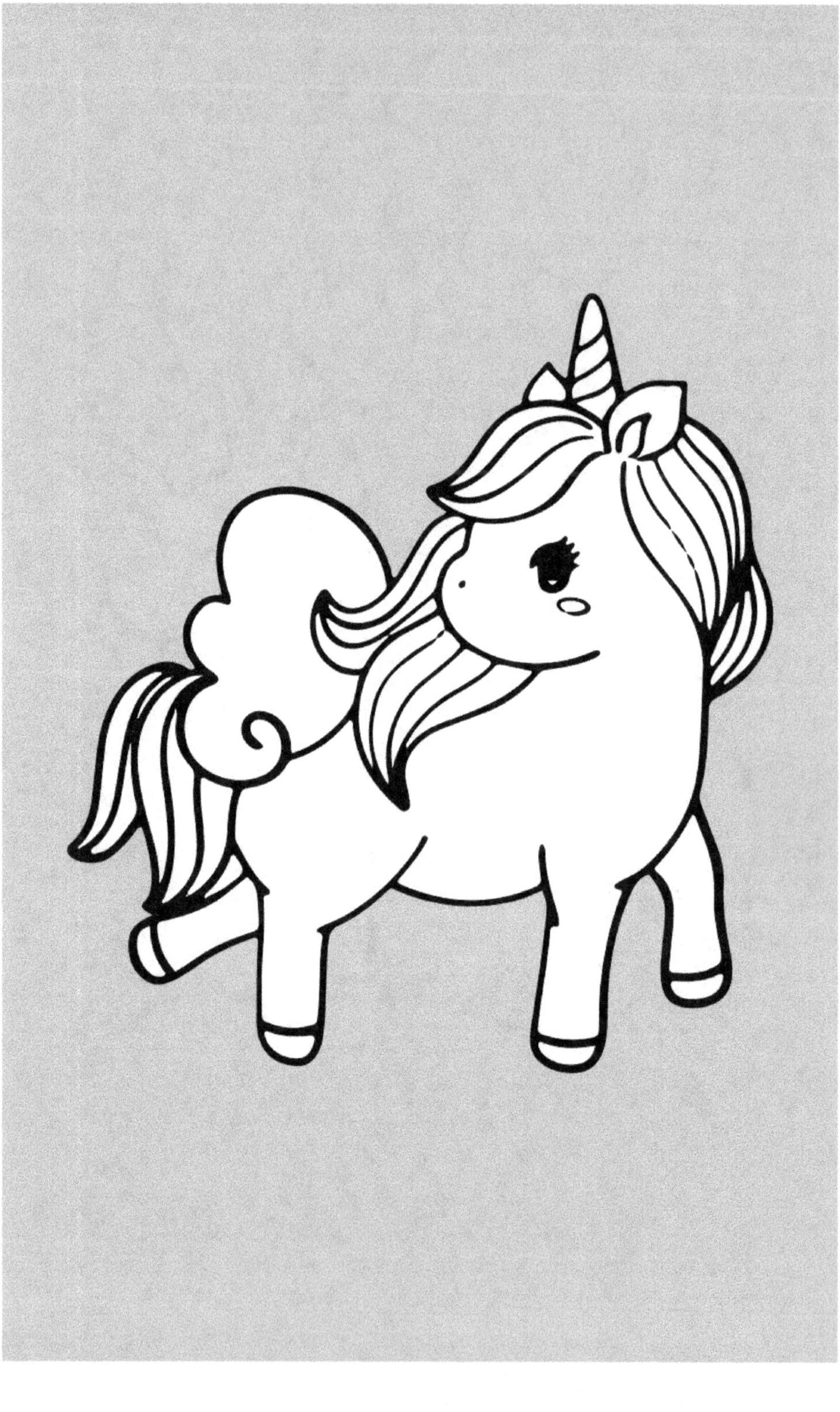

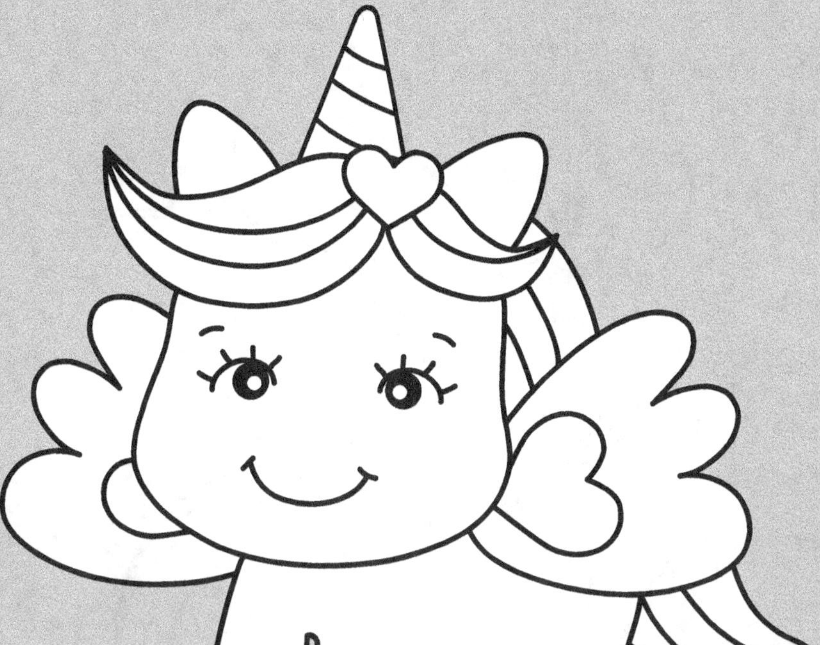

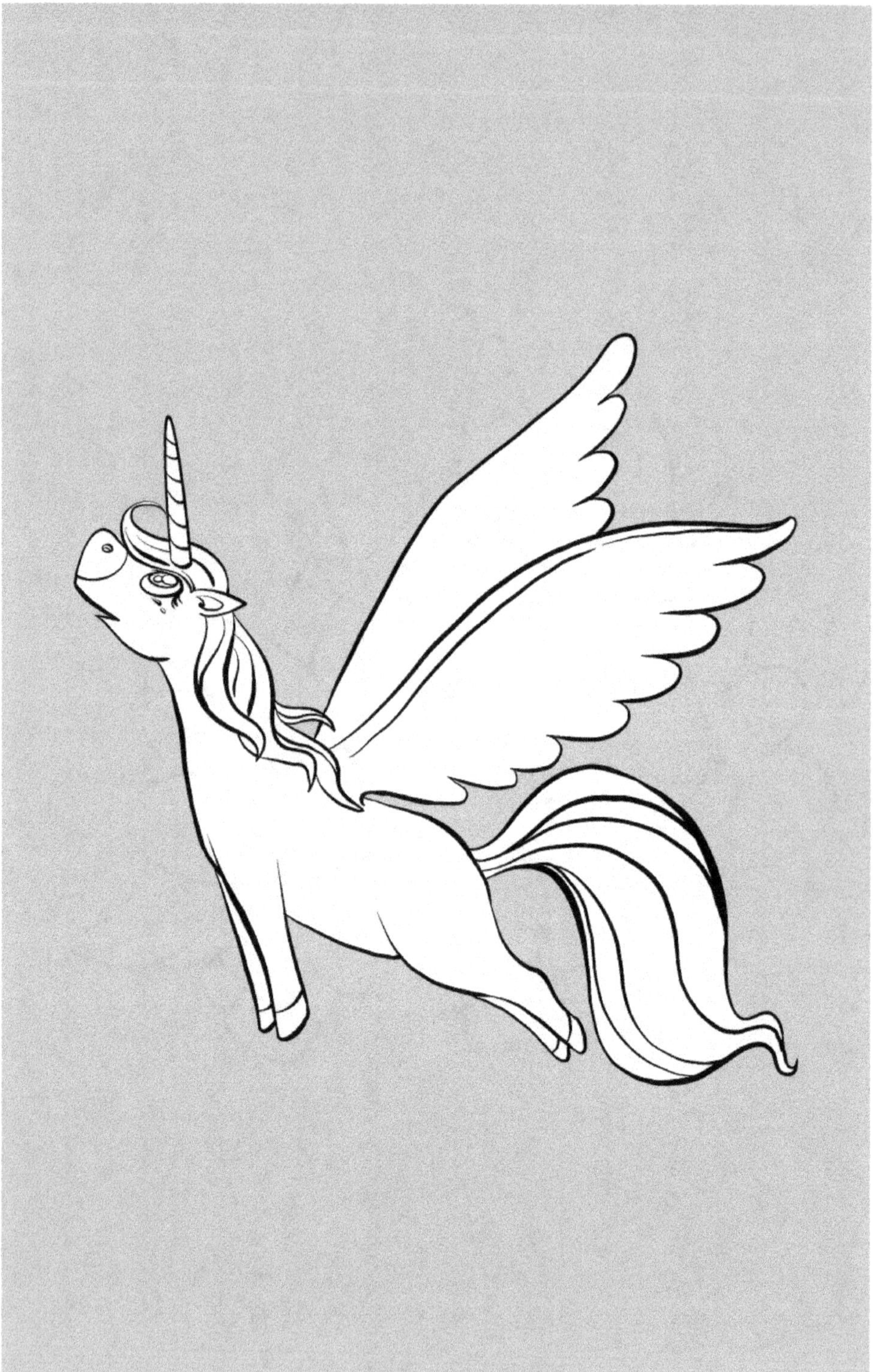

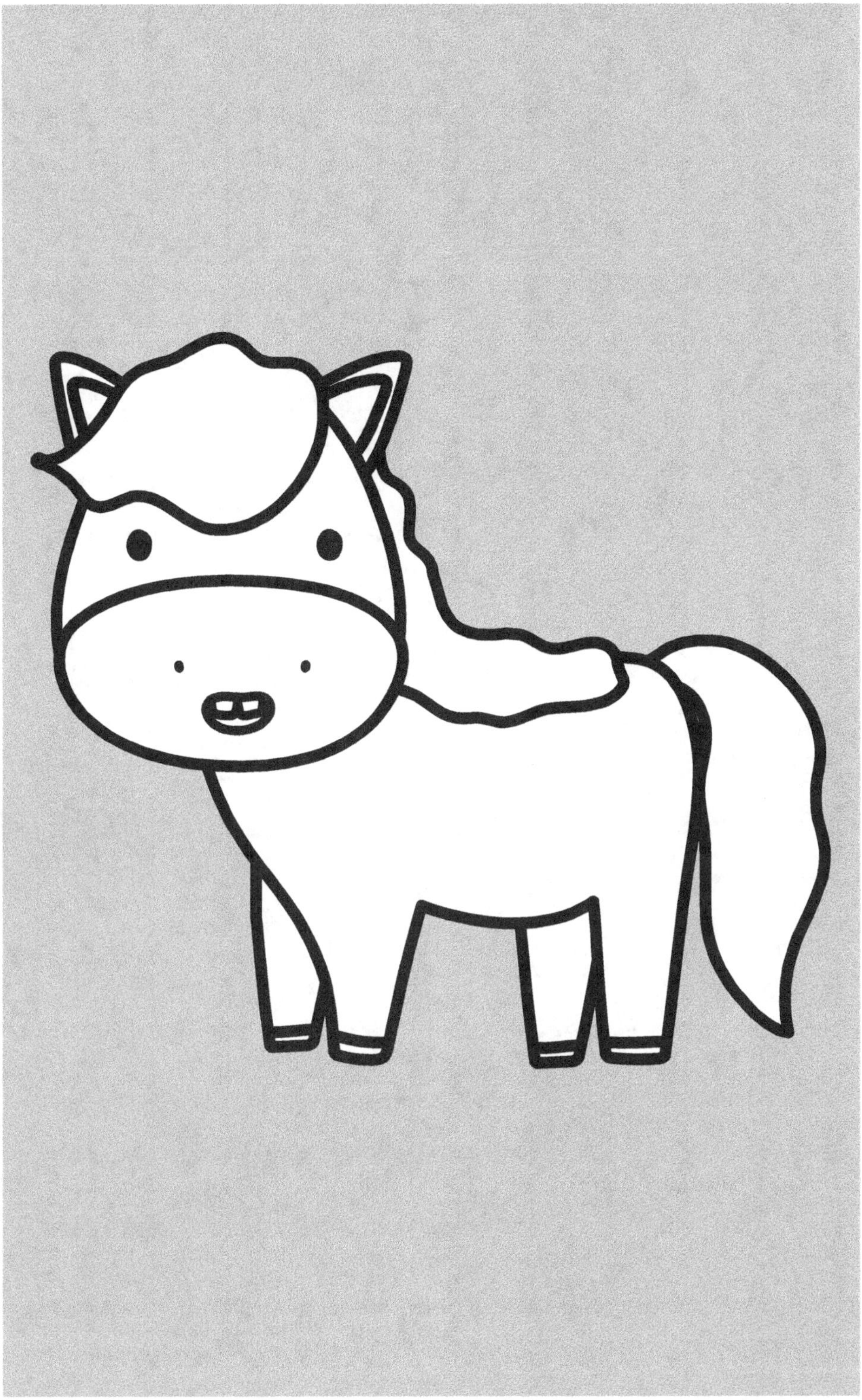

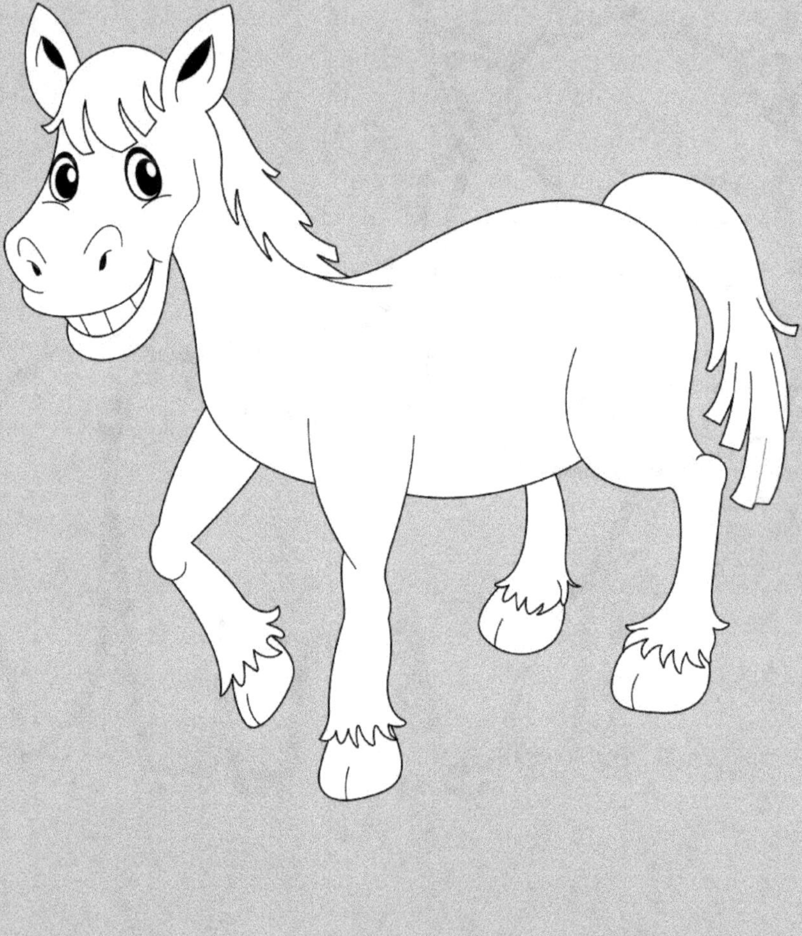

www.ingramcontent.com/pod-product-compliance
Lightning Source LLC
Chambersburg PA
CBHW072227290526
45794CB00007B/2923
* 9 7 9 8 8 6 9 8 6 5 3 6 6 *